KB190612

생선 아카데미

인간론 ❺

그리스도로 옷 입은 사람

1장 신령한 집을 위하여   *9*

하늘에 짓는 집
이 땅에 짓는 집
신령한 집을 위하여

2장 영원한 음식을 위하여   *27*

하늘의 음식
사탄의 음식
영원한 음식을 위하여

3장 존귀한 옷을 위하여   *45*

하늘의 옷
세상의 옷
존귀한 옷을 위하여

프롤로그

생활 속 선교, 이것은 지난 2000여년간 기독교 공동체가 세상을 향해 꾸준히 던졌던 메시지입니다. 수많은 믿음의 선조들이 하나님을 아는 지식을 바탕으로 자신이 속한 가정과 일터에서 그 믿음을 지키는 삶을 살았습니다. 그들을 통해 가정이 바뀌고 일터 문화가 바뀌고 힘들었던 세상은 더 나은 세상으로 바뀌었습니다.

하나님은 우리 인간의 모든 영역에 관심을 갖고 계십니다. 생활 선교사는 각자 생활의 영역에서 하나님 사랑, 이웃 사랑을 실천하며 선교적 삶을 살아가는 사람입니다. 생활 선교사가 되기 위해서는 훈련이 필요합니다. 삶의 모든 영역에서 선교사의

역할을 감당하려면 성부, 성자, 성령 하나님은 어떤 분이신지, 우리는 어디로부터 와서 어디로 가는지, 인간의 창조와 타락과 구원의 과정은 어떠한지 이러한 다양한 주제에 대해 정리가 되어 있어야 합니다.

세상은 계속해서 우리를 속이려 하기 때문에 우리는 더욱 배우기를 힘써야 합니다.

> 악한 사람들과 속이는 자들은 더욱 악하여져서 속이기도 하고 속기도 하나니 그러나 너는 배우고 확신한 일에 거하라 너는 네가 누구에게서 배운 것을 알며 또 어려서부터 성경을 알았나니 성경은 능히 너로 하여금 그리스도 예수 안에 있는 믿음으로 말미암아 구원에 이르는 지혜가 있게 하느니라 딤후 3:13~15

생활 선교사를 줄여서 생선이라 표현하고 이분들을 훈련하는 아카데미를 개설했습니다. 온라인 방송은 세계 각 지역의 한인 디아스포라에게 생선 아카데미를 전파할 수 있는 좋은 수단이 되었습니다. 미국, 일본, 중국, 홍콩, 미얀마, 인도, 태국 등 다양한 나라에서 다양한 삶의 환경에 있는 분들과 함께 소통할 수 있었습니다. 이러한 강의 내용을 다듬고 핵심을 정리하여 각각의 주제를 명확하게 이해할 수 있도록 소책자 형식으로 발간했습니다.

『그리스도로 옷 입은 사람』은 인간론 시리즈 중 다섯 번째로 출간된 책입니다. 인간은 신령한 집에서 살며 하늘의 음식을 먹고 존귀한 옷을 입을 때 하늘의 영광 속에서 살 수 있습니다. 부디 이 소책자를 통해 세상과 전혀 다른 기준에 따라 살아가면서 하늘의 영광을 맛보시기 바랍니다.

생선 아카데미에 발을 들이신 독자 여러분 모두가 성경을 배우고 구원에 이르는 지혜를 깨달아 생활 선교사로서 각자 삶의 영역에서 복음을 전파하시길 소망합니다.

박진석 목사

● 생선 아카데미 3대 목표

1. 하나님의 권능, 지혜, 성품의 도움을 받아 세상 권세를 이긴다.

2. 생활 선교사로서 온전한 사랑과 믿음과 지식을 구비한다.

3. 배우고 깨달은 바를 적용하고 실천해서 삶의 실제적인 열매를
   맺는다.

1장 / 신령한 집을 위하여

하늘에 짓는 집

하루는 제가 집에 밀린 청소를 한 적이 있습니다. 쓰레기가 얼마나 많던지 모릅니다. 버리고 버려도 또 쓰레기가 나옵니다. 집을 치우다 문득 이런 생각이 들었습니다. '이 세상에 어떤 것을 천국에 가지고 갈 수 있을까?' 우리는 이 세상 어떤 것도 천국에 가지고 갈 수 없습니다. 천국에 이민을 가기 위해 가방을 쌀 수 있습니까? 다른 나라에 이

민을 가기 위해선 가방을 준비할 수 있겠지만, 하나님 아버지의 영원한 나라에 갈 때는 이 땅의 무엇으로도 준비할 수 없습니다. 그래서 수의에는 호주머니가 없습니다. 아무것도 가지고 갈 수 없기 때문입니다. 성경은 마지막 때에 주님이 만물을 새롭게 하신다고 말씀합니다. 현존하는 모든 것들은 다 썩을 것이며, 하늘과 땅에 있는 것들은 다 새롭게 될 것입니다. 그러므로 장차 썩을 것들은 천국에 들어갈 수 없습니다.

그러나 우리는 땅에 썩어질 것을 좋아하는 타락한 본성을 가지고 있습니다. 우리는 이 땅의 좋은 것을 가지기 위해 싸우기도 합니다. 또한 좋은 집을 가지면 행복함을 느낍니다. 저도 목사이지만 좋은 집을 보면 마음이 갈 때가 있습니다. 하루는 TV를 보는데 유명한 뮤지컬 배우 네 명이 나왔습니다. 그들이 시골에 있는 폐가를 사서 새로운 집으로 꾸미기 시작합니다. 폐가에 커피를 세팅하고, 음식을 만듭니다. 자신들이 만든 탁자 위에서 밥을 먹기도 하고, 모닥불을 피워 함께 웃고 즐깁니다. 그 모습이 얼마나 낭만적으로 보이는지 모릅니다. 저도 모르게 잠깐 빠져들게 됩니다. 세상은 우리에게 이 땅에서 아름다운 집을 짓고 살아가는 것을 요구합니다. 때때로 우리는 그런 모습을 보며 박탈감을 느끼기도 하지요. 말씀을 통한 인생관, 가정관, 세계관, 재물관이 굳건히 세워지지 않으면 세상의 요구에 빠지기 십상입니다.

우리는 이 땅에 집을 짓고 살아가기보다는 하늘에 있는 집을 짓는 고생을 하며 살아야 합니다. 우리에게는 집을 가지고 싶은 욕망이 있습니다. 그것은 우리의 본고향이 있기 때문입니다. 우리는 원래 하늘에 집이 있던 존재입니다. 그러나 우리는 불순종의 죄로 본향집을 상실했습니다. 그 탓에 사람은 집을 그리워하고 소유하고 싶은 욕망에 사로잡혀 살아갑니다.

여호와 하나님이 에덴 동산에서 그를 내보내어 그의
근원이 된 땅을 갈게 하시니라 이같이 하나님이 그 사
람을 쫓아내시고 에덴 동산 동쪽에 그룹들과 두루 도
는 불 칼을 두어 생명 나무의 길을 지키게 하시니라
창 3:23~24

하나님이 모든 것을 지으시되 때를 따라 아름답게 하
셨고 또 사람들에게는 영원을 사모하는 마음을 주셨
느니라 그러나 하나님이 하시는 일의 시종을 사람으
로 측량할 수 없게 하셨도다 전 3:11

하지만 그런 우리를 위해 하나님은 당신의 영광
을 나타낼 성전, 즉 거룩한 집을 스스로 보여 주셨
습니다. 그 거룩한 성전을 보여 주는 건축자가 바
로 예수님이십니다. 예수님은 거룩한 성전을 친히
지으신 건축가이자 목수라고 할 수 있습니다. 동
시에 예수님은 우리의 거룩한 집이 되시는 분이십
니다.

성 안에서 내가 성전을 보지 못하였으니 이는 주 하나님 곧 전능하신 이와 및 어린 양이 그 성전이심이라 그 성은 해나 달의 비침이 쓸 데 없으니 이는 하나님의 영광이 비치고 어린 양이 그 등불이 되심이라 만국이 그 빛 가운데로 다니고 땅의 왕들이 자기 영광을 가지고 그리로 들어가리라 계 21:22–24

요한계시록 말씀에 보면, 어린 양이신 예수님이 곧 성전이심을 말씀합니다. 그리고 세상 만물을 다스리는 땅의 왕들도 다 그리로 들어갈 것이라고 말씀합니다. 이처럼 세상의 모든 왕 노릇 하는 이들이 다 예수님에게 귀속될 것입니다. 또한 이 땅에서 신앙생활을 하는 우리도 마찬가지입니다. 각자 부활할 때 개개인의 집이 있을 것입니다. 그러므로 이 땅에서 우리의 신앙생활은 하늘에 집을 짓는 일과 같습니다. 하지만 이 하늘의 집은 눈에 바로 보이지 않습니다. 또한 예수님의 집 짓는 건축술은 신묘막측해서 사람의 망치 소리가 귀에 들리지 않습니다. 다만 성령 안에서 속사람의 영적 지각이 열린 사람만이 그것을 보고 들을 수 있습니다.

하루는 예수님께서 유월절에 예루살렘 성전을 방문하십니다. 그곳에 있던 지도자들을 책망하시고 백성들에게 소리를 치십니다. 예수님은 성전이 청결하기를 원하셨습니다. 예수님은 그들에게 아버지의 집인 성전을 장사하는 집과 강도의 소굴로 만들지 말라고 꾸짖으십니다. 예수님은 성전이 '만민이 기도하는 내 집'이라고 생각하셨습니다. 결국 예수님께서 친히 우리의 성전이 되어 주셨습니다.

어린 양이신 예수님은 십자가에 못 박히시고 스스로 성전이 되십니다. 그분은 죽음에서 부활하셨습니다. 예수님의 부활은 완전하고도 영원한 성전의 부활과 같습니다. 우리가 예수님의 부활에 참여한다는 것은 또한 우리도 예수님과 연합해 하늘의 집이 된다는 것을 의미합니다. 이제 우리도 예수님과 함께 거룩한 집을 지어가는 존재가 되었습니다. 우리는 하나님의 소유가 된 집입니다. 그러나 우리

가운데 하나님의 집에서 장사하는 장사꾼이 있을지도 모릅니다. 하나님의 집을 강도의 소굴로 만들면 안 됩니다. 사탄은 호시탐탐 우리의 집이 강도의 집으로 바뀌기를 바라며 욕심을 충동하여 유혹합니다. 강도는 도둑질하고 죽이고 멸망시킵니다. 우리의 마음이 성전인데, 그곳에 틈이 생기면 바로 강도의 소굴이 됩니다.

이 땅에 짓는 집

사도 바울은 다음과 같이 고백합니다.

> 내게 주신 하나님의 은혜를 따라 내가 지혜로운 건축자와 같이 터를 닦아 두매 다른 이가 그 위에 세우나 그러나 각각 어떻게 그 위에 세울까를 조심할지니라 이 닦아 둔 것 외에 능히 다른 터를 닦아 둘 자가 없으니 이 터는 곧 예수 그리스도라 고전 3:10-11

사도 바울은 "지혜로운 건축자와 같이 터를 닦아 두매"라고 고백합니다. 바울은 이 땅에서 부귀영화를 누리기 위해 집을 지었던 사람이 아닙니다. 그는 "날마다 죽노라"(고전 15:31) 고백했던 인물입니다. 그는 죽기 위해 살았고, 영원한 부귀영화를 누리기 위해 순교의 정신으로 살았습니다. 그의 관심은 오로지 하늘에 있는 영원한 집을 어떻게 꾸밀까 하는 것이었습니다.

예수님이 이 땅에 오신 이유는 바로 이것입니다. 예수님은 천국 집의 모퉁이돌로서, 하나님 아버지와 함께 창세전부터 이 일을 계획하셨습니다. 이 일은 무엇입니까? 바로 천국에 터를 닦아 두는 일입니다. 하늘에 기초 공사를 짓는 일인 것이지요. 결정적으로 십자가에서 예수님은 죄와 사망의 권세를 다 깨뜨리셨습니다. 그리고 예수님은 죽으시고 부활하여 천국의 영원한 새집을 짓기 시작합니다.

예수님의 기초 공사에 참여한 사도들은 다 순교의 죽음을 맞이했습니다. 그들은 매일 죽음을 각오

했던 자들이었습니다. 우리도 마찬가지입니다. 우리는 단지 이 땅에서만 좋은 집을 장만하기 위해 사는 사람들이 아닙니다. 나는 무엇을 위해 살아가는 사람인지 곱씹어 생각해 보아야 합니다. 이 땅에서 좋은 집을 장만하기 위해 삶을 낭비하지 맙시다. 우리 또한 사도 바울처럼 죄성에 대해 "날마다 죽노라"라는 고백이 있어야 합니다. '나는 평신도니까 괜찮아'라는 생각을 멀리해야 합니다. 그것은 마귀가 기뻐하는 생각입니다. 하나님이 기뻐하시는 생각은 복음을 위해 한 알의 밀알처럼 죽겠다는 생각입니다. 우리 마음 깊은 곳에서 이러한 감동이 계속 흘러나와야 정상입니다. 그래야 이 땅의 것보다 하늘의 상을 더 사모하게 됩니다.

그러나 죄가 장성해져가는 시대에 누가 복음을 위해 죽고자 합니까? "복음을 위해 목숨을 걸어야 합니다"라는 말에 누가 "아멘"으로 화답할 수 있습니까? 쉽게 "아멘"이라고 화답하지 못하는 게 우리의 현실입니다. 또한 이것은 타락한 본성을 가진 죄인의 원초적인 모습이라고 할 수 있습니다. 죄성을 가진 인간은 태생적으로 이 땅에 있는 것을 위해 살아가는 존재입니다. 그러나 예수님은 우리를 그런 존재로 부르지 않았습니다. 만약 이 땅에서 왕 노릇 하는 것만이 마냥 즐겁고 행복하다면 예수님의 십자가 사건은 허무한 일이 되고 말 것입니다.

누가 고생을 낙으로 여기겠습니까? 누가 십자가의 길을 자청하겠습니까? 그러나 기억해야 합니다. 하늘에 있는 집을 잘 짓고자 하지 않으면 신앙의 참된 의미는 없습니다. 아이러니하게도, 참된 신앙을 가르쳐주면 도리어 십자가를 버리고 떠나는 표면적 그리스도인들이 많습니다. 그들은 왜 십자가를 부담스러워하면서 떠날까요? 하늘의 집에 대한 확신이 없기 때문입니다. 하늘의 집을 준비하지 않은 사람들의 최후가 어떤지 진리의 말씀으로 가늠해 보아야 합니다. 하나님의 설계도대로 하늘의 집을 짓지 않는 사람은 결국 다 무너지고 말 것입니다.

만일 누구든지 금이나 은이나 보석이나 나무나 풀이
나 짚으로 이 터 위에 세우면 각 사람의 공적이 나타
날 터인데 그 날이 공적을 밝히리니 이는 불로 나타내
고 그 불이 각 사람의 공적이 어떠한 것을 시험할 것
임이라 만일 누구든지 그 위에 세운 공적이 그대로 있
으면 상을 받고 누구든지 그 공적이 불타면 해를 받으
리니 그러나 자신은 구원을 받되 불 가운데서 받은 것
같으리라 고전 3:12–15

나무나 풀이나 짚 같은 마음으로 집을 지으면 결
국 불시험을 이기지 못하고 간신히 구원 받는다고
합니다. 구원은 받았지만 마치 집없는 노숙자 같은
상태가 될 수 있습니다. 그러나 변치 않는 보석 같
은 마음, 금과 은 같은 마음으로 집을 지으면 그에
합당한 상을 받을 것입니다. 그러므로 우리는 하나
님께서 원하시는 마음으로 하늘의 집을 준비해야
합니다. 그래야 그 집은 영원토록 사라지지 않고,
우리는 하나님께 영광의 상을 받을 수 있습니다.

비가 내리고 창수가 나고 바람이 불어 그 집에 부딪치
매 무너져 그 무너짐이 심하니라 마 7:27

반석 위에 집을 세우지 않은 사람들의 최후는 비
참합니다. 모래 위에 집을 지은 사람은 어떻습니
까? 홍수가 나고 비가 내리는 환란의 때 다 떠내려
갑니다. 그러므로 흔들리지 않으며 사라지지 않는
예수 그리스도의 말씀 위에 기초를 두어야 합니다.
우리는 이 사실을 꼭 명심해야 합니다.

신령한 집을 위하여

하늘의 집은 각 사람의 마음과 비례해 세워지
게 될 것입니다. 예수님을 믿었지만, 그 믿음의 숨
은 동기가 불순하고 강퍅한 마음을 가진 사람은 부
끄러운 구원, 즉 상급이 없는 구원을 받을 수 있습
니다. 하나님은 숨은 동기가 온전하지 못한 사람을

구원해 내기 위해 하늘의 집을 신비로 감추어 놓았습니다. 겉으로 신앙이 좋아 보이는 사람도 마음속 깊은 곳으로 파고 들어가면 그 동기가 온당하지 못한 모습도 있습니다. 그러므로 하나님은 시험을 통해 가장 밑바닥에 있는 숨은 동기를 드러나게 하십니다. 마지막 날에는 가장 밑바닥에 있는 내면이 낱낱이 드러나게 될 것입니다. 어떤 사람이 하늘의 상급을 쌓는 사람입니까? 그것은 바로 마음 가장 깊숙한 곳에서부터 예수 그리스도를 주인으로 믿고 사랑하는 사람입니다.

이 땅에서 순결한 마음으로 신앙생활을 하지 않으면 상급이 없는 구원을 받습니다. 만약 계속해서 우리가 타인을 비방하고 저주하고 마음을 부드럽게 하지 않는다면, 하늘의 상급은 커녕 얼굴도 들고 다니지 못할 정도로 부끄러운 집에서 살게 될 것입니다. 자칫 잘못하면 생명책에서 지워질 수도 있습니다(출 32:33, 시 69:28, 계 3:5). 하지만 하나님의 말씀대로 사는 사람은 부끄럽지 않은 구원을 받게 됩니다. 순결한 마음, 온전한 마음, 순종하는 마음, 하나님의 말씀에 따르려 하는 마음은 하늘에 아름다운 집을 짓는 것과 같습니다. 그러므로 하나님은 이 비밀을 신비로 감추어 놓으셨습니다. 순수한 마음으로 하늘에 집을 짓는 사람에게만 비로소 그 비밀을 가르쳐주신 것이지요.

이 땅에서는 서로를 위해 집을 지어줄 수 있습니다. 부모가 자녀를 위해 또는 자녀가 부모를 위해 서로의 집을 마련해주기도 합니다. 그러나 이것은 땅에서만 해당되는 이야기입니다. 하늘에서는 각자의 심령대로 각자의 집이 지어집니다. 그 누구도 대신 지어줄 수 없습니다. 각자의 신앙에 따라 지어질 뿐입니다. 사도 베드로는 우리가 각자 신령한 집으로 세워진다고 말합니다(벧전 2:5). 그러므로 우리는 하늘의 신령한 집을 세우는 그리스도인이 되어야 합니다.

집은 지혜로 말미암아 건축되고 명철로 말미암아 견

22
그리스도로 옷 입은 사람 / 인간론 5

고하게 되며 또 방들은 지식으로 말미암아 각종 귀하

고 아름다운 보배로 채우게 되느니라 잠 24:3-4

이 말씀에서 집은 하늘의 집을 가리킵니다. 하늘의 집은 지혜로 말미암아 건축됩니다. 하늘의 집은 명철로 말미암아 견고하게 됩니다. 방들은 지식으로 말미암아 각종 귀하고 아름다운 보배로 채워집니다. 지혜의 계시를 통해, 성령의 가르침을 통해, 말씀의 지식을 통해 하늘의 집이 세워진다는 뜻입니다. 우리의 마음에 지혜의 계시, 성령의 가르침, 말씀의 지식이 가득해야 합니다. 그래야 하늘의 집에 상급이 가득할 수 있습니다. 말씀의 지혜와 지식이 없으면서 하늘의 상급만 바라는 것은 교만입니다.

오늘날 교회의 문제는 지혜의 계시, 성령의 가르침, 말씀의 지식을 따라가지 않으면서도 하늘의 상급이 있을 것이라는 근자감(근거없는 자신감의 줄임말)에 있습니다. 이 시대의 교회 안에 영적인 어린 아이가 얼마나 많은지 모릅니다. 그들은 하늘에 좋은 집이 있을 것이라고 착각합니다. 성경은 결코 그렇게 가르치지 않습니다.

> 내 백성이 지식이 없으므로 망하는도다 네가 지식을 버렸으니 나도 너를 버려 내 제사장이 되지 못하게 할 것이요 네가 네 하나님의 율법을 잊었으니 나도 네 자녀들을 잊어버리리라 호 4:6

 하늘의 집은 지혜의 계시, 성령의 가르침, 말씀의 지식으로 말미암아 세워집니다. 하나님의 지혜와 지식이 없으면서 아름다운 방을 기대해서는 안 됩니다. 반드시 영적, 성경적 지식이 뛰어나야 합니다. 그래야만 아름다운 보배, 각종 귀한 인테리어가 집 안에 가득하게 됩니다. 그러므로 함께 열심을 내어 말씀을 공부합시다.

> 이기는 자는 이것들을 상속으로 받으리라 나는 그의 하나님이 되고 그는 내 아들이 되리라 계 21:7

요한계시록 말씀에는 이기는 자는 상속자가 된다고 합니다. 또한 아들이 됩니다. 여기서 상속을 받는 아들을 헬라어로 '휘오스'(υἱός)라고 합니다. 휘오스는 영적으로 장성한 청장년을 가리킵니다. 집을 장만해 기업을 상속받아 결혼하고 자녀를 낳을 수 있는 사람이 바로 휘오스입니다. 우리는 이 휘오스의 단계까지 자라야 합니다. 또한 휘오스에서 더 나아가 아버지의 단계인 '파테르'(πάτερ)까지 성장해야 합니다. 집을 장만하는 사람이 되는 것을 넘어 영적 아비처럼 다른 사람을 양육할 수 있는 사람이 되기까지 성장해야 합니다. 다른 사람의 집에 얹혀 있으려는 어린아이의 신앙에 머물러서는 안 됩니다. 반드시 천국 부동산에 투자해야 합니다. 이 일에 우리 모두 선한 열심을 냅시다. 각 사람의 심령이 하나님 보시기에 합당하도록 성화되어 천국에 자기만의 아름다운 집을 짓도록 힘씁시다.

핵심과 나눔(Key points & Sharing points)

K1. 세상의 모든 왕, 그리고 왕 노릇 하는 모든 이들은 결국 어디로
   귀속이 됩니까?

K2. 하늘의 집은 무엇으로 말미암아 세워집니까?(3가지)

S1. 하늘에 좋은 집을 만들기 위해서 어떠한 노력을 하고 있는지 나눠
   봅시다.

S2. 하늘에 상급이 있으리라는 근자감이 있지 않은지 자신을 되돌아
   보고 난 후 나눠봅시다.

2장 / 영원한 음식을 위하여

하늘의 음식

사람은 무엇으로 살까요? 사람이 밥으로만 살수 있을까요? 그렇지 않습니다. 사람은 밥도 먹지만, 지식도 먹어야 합니다. 그리고 감성적인 것도 먹어야 합니다. 영화를 보거나 클래식 음악을 듣는 시간도 필요합니다. 음식이 육체를 움직이게 만든다면, 지식과 감성은 인간의 혼과 정신을 살아 움직이게 만듭니다. 그러나 사람은 육의 음식 혹은

혼의 음식으로만 살 수 없습니다. 본질적으로 사람이 먹어야 하는 음식은 영의 음식입니다. 왜냐하면 본래 사람은 하나님의 영으로 호흡하는 생령적 존재로 창조되었기 때문입니다(창2:7). 그렇다면 영의 음식은 무엇일까요? 영의 음식은 바로 하나님에게 속한 음식이라고 할 수 있습니다. 인간은 반드시 하나님께 속한 음식을 먹어야 살 수 있습니다.

하나님의 영이신 성령님은 히브리어로 '루아흐', 헬라어로는 '프뉴마'라고 하는데, 요한복음 14장에서는 '파라클레이토스'라고 기록되어 있습니다. 우리나라 말로는 '보혜사'(保惠師)라고 표현하기도 합니다. 이 말들의 의미는 '내 곁에 계신다'라는 뜻을 가지고 있습니다. 성령님은 우리 곁에서 위로자가 되시고, 상담자가 되십니다. 인간은 성령님의 함께하심을 통해 비로소 영원히 살아갈 수 있습니다. 인간은 곁에 계신 성령님의 위로를 통해 평강의 삶을 살 수 있게 되는 것입니다. 생명이신 성령님으로부터 오는 음식을 받아서 먹어야 우리의 영과 혼과 육이 올바르게 작동할 수 있습니다. 다른 말로 표현하면 하나님의 뜻에 합당하게 행할 수 있다는 말입니다.

> 예수께서 대답하여 이르시되 기록되었으되 사람이 떡으로만 살 것이 아니요 하나님의 입으로부터 나오는 모든 말씀으로 살 것이라 하였느니라 하시니 마 4:4

> 너희가 내 안에 거하고 내 말이 너희 안에 거하면 무엇이든지 원하는 대로 구하라 그리하면 이루리라
> 요 15:7

만물에는 하나님의 숨결이 깃들어 있습니다. 하나님의 숨결은 만물을 영원히 살게 만드는 생명의 능력이 있습니다. 만물은 하나님으로부터 오는 영적인 생명을 받아서 살아갈 수 있게 만들어졌습니다. 인간도 마찬가지입니다. 인간은 하나님의 숨결에 의해 만들어졌고, 하나님의 숨결에 의해 살아갈

수 있습니다. 그리스도인은 생명이신 하나님으로부터 영의 음식을 받아서 먹고 살면서 본래의 생령적 존재로 회복된 사람입니다.

> 내 안에 거하라 나도 너희 안에 거하리라 가지가 포도나무에 붙어 있지 아니하면 스스로 열매를 맺을 수 없음 같이 너희도 내 안에 있지 아니하면 그러하리라 나는 포도나무요 너희는 가지라 그가 내 안에, 내가 그 안에 거하면 사람이 열매를 많이 맺나니 나를 떠나서는 너희가 아무 것도 할 수 없음이라 요 15:4~5

> 살리는 것은 영이니 육은 무익하니라 내가 너희에게 이른 말은 영이요 생명이라 요 6:31

예수님은 "살리는 것은 영"이라고 말씀합니다. 그리고 예수님이 친히 우리에게 주시는 말씀이 바로 "영이요 생명"이라고 말씀합니다. 예수님은 우리에게 '영의 음식'이 무엇인지 알려줍니다. 생명을 살리는 영의 음식은 바로 '예수님의 말씀'입니다. 예수님의 말씀을 듣고, 그 말씀을 경험하고, 말씀의 깊이를 알게 되면 인간은 변하게 됩니다. 예수님의 말씀을 아는 그리스도인의 생각은 달라지게 됩니다. 그리고 세상을 바라보는 관점도 바뀝니다. 세계관, 인생관, 물질관 등 모든 것이 다 변합니다. 그뿐만 아니라 우리의 감정과 의지도 변합니다. 그 결과 세상을 대하는 태도가 본질적으로 달라지게 됩니다. 살고 싶지 않을 정도로 힘든 날에도 하나님의 음식을 먹으면 살맛이 납니다. 고생 가운데 이길 수 있는 힘이 공급됩니다. 마음에 천국의 평강이 임합니다.

인간은 이 땅의 음식으로만 살 수 없습니다. 왜냐하면 이 땅에서의 음식은 썩기 때문입니다. 그러나 육신의 음식이 필요 없다는 뜻은 아닙니다. 인간은 땅의 음식을 먹어야 합니다. 하지만 땅의 썩어질 음식에 종노릇하는 잘못된 습성이 문제입니다. 이는 땅의 음식이 영원할 것처럼 대하는 태도와 같습니다. 썩어질 음식만을 즐겨 먹으면서 마치 영원토록 살 것처럼 생각하는 사람들이 있습니다. 영의 양식인 예수님의 말씀은 뒷전으로 한 채 썩어질 땅의 음식에 혈안이 되어 있지는 않습니까?

중독에 빠진 사람을 영어로 'addict'(어딕트)라고 하는데 이는 라틴어의 '노예'라는 뜻의 'additus'(애더터스)에서 파생된 단어입니다. 우리는 과연 어디에 매여 있습니까? 그리스도의 노예는 영의 양식에 매인 자이고 죄의 노예는 육의 양식에 매인 자입니다.

> 예수께서 이르시되 나의 양식은 나를 보내신 이의 뜻을 행하며 그의 일을 온전히 이루는 이것이니라
>
> 요 4:34

예수님은 이 땅의 음식보다 하나님 아버지가 주시는 말씀을 항상 사모했습니다. 예수님은 하나님이 보내신 뜻을 행하는 것이 당신의 양식이라고 고백했습니다. 하나님의 뜻을 이루는 것만이 예수

님에게 삶의 궁극적인 목표이자 주된 관심사였습니다. 요한복음 4장을 보면, 제자들이 예수님에게 "랍비여 잡수소서"하고 권합니다. 밥을 먹자는 뜻이지요. 그러자 예수님은 "너희가 알지 못하는 먹을 양식이 있느니라"하고 대답합니다. 제자들은 "누가 잡수실 것을 갖다 드렸는가?" 수군거립니다. 그리고 예수님이 하신 말씀이 바로 이 부분입니다. "나의 양식은 나를 보내신 이의 뜻을 행하며 그의 일을 온전히 이루는 이것이니라"(요 2:2) 이처럼 예수님의 관심은 이 땅의 음식에 있지 않았습니다. 예수님은 오직 하늘의 음식에만 관심이 있었습니다. 예수님은 이 땅의 음식만으로 삶을 연명하지 않았습니다. 예수님은 하늘의 음식을 통해 이 땅을 살아갈 힘을 얻었습니다.

우리는 어떻습니까? 하늘의 음식이 우리를 살아가게 만듭니까? 아니면 이 땅의 음식이 우리를 살아가게 만듭니까? 우리가 사랑하는 음식은 무엇입니까? 생명을 살리는 일입니까, 아니면 단순히 생명을 이어가는 것입니까? 예수님을 믿는 그리스도인이라고 한다면 말씀으로 생명을 살리는 사람이 되어야 하지 않을까요?

사탄의 음식

> 하나님께서 구하시는 제사는 상한 심령이라 하나님이여 상하고 통회하는 마음을 주께서 멸시하지 아니하시리이다 시 51:17

하나님이 원하시는 제사는 상한 심령입니다. 하나님은 우리의 상하고 통회하는 마음을 사랑합니다. 어떤 사람이 상한 마음을 가질 수 있을까요? 누가 하나님의 마음에 닿을 수 있을까요? 생명을 살리기 위해 애쓰고 복음을 전하기 위해 헌신하는 사람만이 하나님이 인정하는 마음을 가질 수 있습니다. 상한 심령은 하나님의 말씀과 성령의 검에 의해 '깨어진 심장'(Broken Heart)이라고 할 수 있습니다. 생명을 흘러 넘치게 만드는 본질적인 곳이 바로 이곳, 깨어진 심장입니다. 독생자 예수님이 세상을 구원하고자 자신의 심장을 깨뜨렸음을 늘 기억합시다.

이처럼 하나님은 예배자 자신의 마음을 깨뜨리는 제사를 사랑합니다. 문제는 우리의 체질이 육체의 정욕에 있다는 것입니다. 우리의 마음이 하늘의 음식에게 있지 않고, 이 땅의 썩어질 음식에만 있으면 자라지 못합니다. 평생 염려하고, 걱정하고, 반복되는 삶을 살다 끝나는 것입니다.

사탄은 이 땅의 음식, 육신에 온통 신경을 쓰게 만듭니다. 사탄은 소유에 집착하게 만듭니다. 온통 '내가 가진 것'에 혈안이 되게 만듭니다. 모든 관심과 집중을 '내 인생', '내 미래', '내 소유'에 두게 만듭니다. 이것이 사탄의 전략입니다. 내 존재의 밑바닥에 무엇이 있는지를 보지 못하게 만듭니다. 오로지 피상적인 것, 이 땅의 것, 눈에 보이는 것에 시선을 가둘 뿐입니다. 카지노에는 세 가지가 없다고 합니다. 시계, 창문, 거울입니다. 자기 자신을 돌아보는 능력, 즉 메타인지를 상실하게 만들려는 전략이지요. 이것은 사탄의 전략과 매우 흡사합니다.

> 여호와 하나님이 뱀에게 이르시되 … 살아 있는 동안 흙을 먹을지니라 창 3:14

사탄의 음식은 "흙"이라고 할 수 있습니다. 흙은 육체의 소재입니다. 흙은 티끌이요, 허망한 것입니다. 세상의 소재도 흙입니다. 모든 정욕은 흙에 속해 있습니다. 이 세상을 사랑하는 것은 티끌과 허망한 것을 사랑하는 것입니다. 육체를 사랑하는 것이 얼마나 헛된 일인지 모릅니다. 그러므로 육체에 혈안이 되어 살아가는 것, 육체만을 사랑하는 것, 이 세상만을 사랑하는 것은 그리스도인의 참 모습이 아닙니다. 그리스도인은 흙을 사랑하면 안 됩니다. 사탄의 음식을 쫓아 살아가면 안 됩니다.

사람들이 자기를 사랑하며 돈을 사랑하며 자랑하며 교만하며 비방하며 부모를 거역하며 감사하지 아니하며 거룩하지 아니하며 … 배신하며 조급하며 자만하며 쾌락을 사랑하기를 하나님 사랑하는 것보다 더하며 딤후 3:2~4

이 세상을 사랑하고 육신을 뽐내는 일은 우상을 숭배하는 일과 같습니다. 우상을 뜻하는 단어는 '아이돌'(idol)입니다. 세상의 것을 뽐내고, 자랑하고, 그것을 숭배하고, 따르는 것이 바로 우상을 숭배하는 것과 같습니다. 우상을 숭배하는 사람은 하나님을 기쁘게 할 수 없습니다. 하나님을 기쁘게 하는 사람은 세상 속에 살지만 사탄의 음식이 아닌 하나님의 영과 말씀을 먹는 사람입니다. 바다에서 잡아 올린 물고기가 짜지 않은 것처럼, 이 세상에 물들지 않으면서도 값지게 살 수 있습니다.

세상은 이 땅에서 '무엇을 먹을까?'를 고민하게 만듭니다. 본질상 진노의 자녀는 육체적으로 '무엇을 먹을까? 무엇을 마실까?'하는 생각에만 사로잡혀 있습니다. 썩을 양식을 위해서만 살아가는 것입니다. 그러나 하나님의 자녀는 그렇지 않습니다. 하나님의 자녀된 그리스도인은 썩을 양식이 아닌 복음을 위해 삽니다. 예수 그리스도의 십자가의 길을 걷습니다. 고난의 길을 갑니다. 성령의 권능을 옷입게 되면 고난의 좁은 길도 항상 기쁘게 갈 수 있습니다. 이것이 세상을 넉넉히 이기는 그리스도인의 인격적 능력입니다. 세상에서 무엇을 먹을까, 무엇을 마실까 하는 공허한 고민에 사로잡히지 않습니다. 매순간 세월을 아끼며 썩을 양식이 아닌 썩지 않는 영원한 양식을 위해 일합니다.

영원한 음식을 위하여

예수님은 당신의 살과 피가 참된 양식이요, 참된 음료라고 말씀합니다.

내 살은 참된 양식이요 내 피는 참된 음료로다

요 6:55

하나님과 동등한 성자 예수님이 왜 인간으로 왔을까요? 흠이 없는 분이 왜 이 땅에 온 걸까요? 말씀이신 예수님이 왜 육체가 되어야만 했을까요? 예수님께서 친히 하늘의 음식이 되기 위해 온 것은 아닐까요? 십자가에서 살이 찢기고, 피를 흘린 예수님은 친히 우리의 참된 양식이 되어 주셨습니다. 그렇다면 예수님의 살과 피를 먹는다는 것은 어떤 의미일까요? 예수님이 고생했기 때문에 나는 고생을 안 해도 된다는 뜻일까요? 그렇지 않습니다. 예수님의 살과 피를 먹는다는 것은 우리도 예수님처럼 십자가의 길을 감사함으로 걸어가겠다는 의미입니다.

구원의 창시자를 고난을 통하여 온전하게 하심이 합당하도다 히 2:10

예수님은 고난을 통해 온전하게 되었습니다. 이처럼 우리도 고난을 통해 온전하게 될 것입니다. 이것이 바로 고난의 신비입니다. 스코틀랜드의 '언약도의 사자'라 불리는 사무엘 러더퍼드(Samuel Rutherford)는 이렇게 말합니다. "그리스도는 십자가를 지신 것이 아니라 사용하셨다."

영원한 복은 고난을 통해 얻을 수 있습니다. 하지만 이 세상이 우리에게 유혹하는 것은 고난이 없는 삶입니다. 세상의 눈으로 보면 복음을 위해 희생하는 일은 소위 '개고생'하는 것처럼 보입니다. 그러나 십자가의 고난을 기준으로 바라보면 '믿음의 고생'은 얼마나 가치 있는 일인지 모릅니다. 썩지 않을 영원한 영광을 위한 투자이기 때문입니다. 그러므로 그리스도인은 영원한 복, 하늘의 음식을 중심으로 이 땅을 바라보아야 합니다.

썩을 양식을 위하여 일하지 말고 영생하도록 있는 양식을 위하여 하라 요 6:27

예수님은 썩을 양식이 아닌 "영생하도록 있는 양식"을 위해 일하라고 말씀합니다. 예수님이 이렇게 말씀한 이유가 무엇일까요? 우리의 주변을 돌아보면 그 이유를 금방 알 수 있습니다. 썩을 양식이 인생의 모든 것인 양 사는 사람들은 쉽게 허무함을 느끼곤 합니다. 그 끝이 얼마나 공허한지 모릅니다. 이는 마치 바닷물을 마시는 것과 같습니다. 썩을 양식을 위해 일하는 사람은 그 희망의 근거가 너무 얕습니다. 썩을 양식에 뿌리를 둔 사람이 있다면, 그 인생이 얼마나 위태롭겠습니까? 장차 세상 임금인 마귀는 썩을 양식의 문제로 성도의 믿음을 변질시킬 것입니다(계13:15~17). 이것이 물질의 신, 세상 임금의 본성입니다. 그러므로 예수님은 썩어 없어질 양식이 아닌 영원한 양식, 하늘의 양식에 뿌리를 두고 살 것을 요구하십니다.

하늘의 양식을 위해 살면 어떻게 될까요? 썩어질 양식만을 위해 살 때보다 상황이 더 나아질까요? 물론 좋아질 수 있습니다. 하지만 이리 떼들이

가만히 있지 않습니다. 정욕을 위해 살 때보다 더 달려듭니다. 누군가는 금방 넘어집니다. 우울증에 걸리기도 하고, 절망에 빠지기도 합니다. 그리고는 포기해 버리지요. 이때 포기하면 안 됩니다. 오히려 영원한 양식을 위해 더 발버둥쳐야 합니다. 고난이 와도 하늘의 양식을 위해 변함없이 살아갈 때 비로소 그리스도의 향기를 뽐내게 됩니다. 믿음의 선조들은 이 사실을 먼저 알고 "동남풍아 불어라, 서북풍아 불어라, 가시밭의 백합화 예수 향기 날리니 할렐루야 아멘"하고 찬양했습니다.

십자가의 도가 멸망하는 자들에게는 미련한 것이요
구원을 받는 우리에게는 하나님의 능력이라 고전 1:18

사도 바울은 십자가의 도가 미련해 보이지만, 하나님의 능력이라고 선포합니다. 실제로 십자가의 길, 고난의 길은 미련하고 연약해 보입니다. 그러나 하나님의 능력은 어디에 있습니까? 바로 십자가, 연약해 보이는 곳, 미련해 보이는 그곳에 있습니다. 십자가 안에 영원한 양식이 있습니다. 영적인 안목이 있는 사람은 십자가 안에 영원한 생명이 있음을 믿는 사람입니다. 그러나 우리는 십자가 안에 영생이 있다는 사실에 '아멘'하지 못합니다. 머리로는 아멘이라고 생각할지 모르지만, 실제로 우리의 가슴 깊은 곳에서 십자가의 길을 따르려고 하지 않습니다.

십자가를 자랑하면, 세상의 왕 노릇하는 사탄이 가만있지 않습니다. 십자가를 자랑하는 그리스도인을 물고 뜯습니다. 어떻게든 십자가에서 떨어뜨려 놓으려고 야단법석을 피웁니다. 그러나 사탄이 야단법석을 피울 때마다 그리스도인은 성장합니다. 세상의 임금이 시험하고, 괴롭히면 깨달음이 더 깊어집니다. 이것이 고난의 신비입니다. 시험이 클수록 십자가의 사랑을 깊이 이해하게 됩니다. 하늘의 양식이 무슨 맛인지 알게 됩니다. 썩어질 양식에서 맛보지 못한 하늘의 맛을 경험하게 됩니다.

핵심과 나눔(Key points & Sharing points)

K1. '파라클레이토스'의 우리말 표기와 그 의미는 무엇입니까?

K2. 예수님의 삶에서 궁극적인 목표이자 주된 관심사는 무엇이었습니까?

S1. 사탄의 전략에 무릎 꿇은 경험이 있다면 나눠봅시다.

S2. 고난을 통해 성숙한 경험이 있다면 나눠봅시다.

3장 / 존귀한 옷을 위하여

하늘의 옷

> 오직 주 예수 그리스도로 옷 입고 정욕을 위하여 육신
> 의 일을 도모하지 말라 롬 13:14

사도 바울은 오직 예수 그리스도로 옷 입을 것을 권합니다. 예수 그리스도로 옷 입는다는 말은 무슨 의미일까요? 예수 그리스도로 옷 입는다는 말은 우리의 속사람이 달라진다는 의미입니다. 예수 그리

스도로 옷 입으면 우리의 속사람만 달라지는 것이
아니라, 우리의 표정도 달라지고 눈빛도 달라집니
다. 우리의 마음이 밝아지듯 우리의 눈빛도 주님의
눈빛처럼 밝아집니다. 그리스도로 옷 입은 사람은
하늘의 영광을 맛보게 됩니다. 하늘의 평강과 기쁨
을 맛보게 됩니다. 이런 사람은 세상이 감당할 수
없습니다. 감옥 속에서도 기뻐할 수 있게 됩니다.
어디서 무슨 일을 하든지 하늘의 영광으로 빛나는
사람인 것입니다. 제아무리 좋은 화장품으로 피부
를 가꾼들, 하늘의 영광으로 가꾼 표정을 감히 따
라올 수 없습니다.

사도 바울은 예수 그리스도로 옷 입기를 권하며
동시에 더 이상 육신의 일을 도모하지 않기를 요
청합니다. 육신의 일이 무엇입니까? 갈라디아서에
서 육체의 일은 "음행, 더러운 것, 호색, 우상 숭배,
주술, 원수 맺는 것, 분쟁, 시기, 분냄, 당 짓는 것,
분열함, 이단, 투기, 술 취함, 방탕함"(갈 5:19-21)
이라고 말합니다. 이처럼 육체의 일은 분명합니다.

그리스도로 옷 입지 않고 육체의 일을 도모하는 사람의 운명은 다음과 같습니다.

> 이런 일을 하는 자들은 하나님의 나라를 유업으로 받지 못할 것이요 갈 5:21

육체의 일을 도모하는 사람은 하나님의 나라를 유업으로 받지 못합니다. 하나님의 나라는 누가 유업으로 받을 수 있습니까? 바로 예수 그리스도로 옷 입고, 육체의 일을 도모하지 않는 사람입니다. 대부분의 사람은 눈에 보이는 모습에 관심을 가집니다. 그래서 겉사람의 외모를 가꾸는 데 혈안이지만 정작 속사람의 신부 단장은 소홀히 합니다. 육신의 근육을 키우는 것에는 관심이 있지만, 믿음의 근육을 키우는 것에는 관심이 없습니다. 다이어트를 하고 멋진 몸매를 만들려고 하지만, 예수님께서 재림하시는 것에는 관심을 두지 않습니다. 온갖 좋은 화장품을 구매하지만, 그리스도로 옷 입는 것을 위해서는 헌신하지 않습니다. 참된 존귀와 영광이 무엇인지를 모르고 그냥 그렇게 살아갑니다. 삶의 모든 관심과 집중이 육신의 일을 도모하는 것에 있습니다.

이 땅에서 입는 옷보다 더 좋고 아름다운 옷이 있습니다. 하나님은 우리가 영광과 존귀 가운데 영원히 빛나는 예수 그리스도로 옷 입기를 원합니다. 그러므로 우리는 예수 그리스도로 옷을 갈아입어야 합니다. 날마다 내 마음을 가꾸고, 속사람이 성장하는지 세밀하게 살펴야 합니다. 이 땅에서 잠시 좋은 옷, 좋은 신발을 가지고 있다고 안주하거나 잠깐의 부귀영화를 누리는 것에 만족해선 안 됩니다. 더 좋은 옷, 영원히 빛나는 옷, 하늘의 옷 입기를 사모해야 합니다.

믿음으로 모세는 장성하여 바로의 공주의 아들이라 칭함 받기를 거절하고 도리어 하나님의 백성과 함께 고난 받기를 잠시 죄악의 낙을 누리는 것보다 더 좋

그 옛날, 아담이 범했던 실수가 무엇입니까? 아담은 죄를 범한 후 무화과 나뭇잎으로 옷을 지어 입었습니다. 아담은 육체의 일을 도모했고 무화과 나뭇잎으로 죄를 가려보려고 했지만, 그것은 불가능한 일이었습니다. 죄로 인해 생긴 수치와 부끄러움은 단순히 무화과 나뭇잎으로 가릴 수 있는 것이 아니기 때문입니다.

아담 이후 모든 사람은 무화과 나뭇잎을 입은 아담처럼 수치와 부끄러움 속에 살아갑니다. 그러나 하나님은 무화과 나뭇잎이 아닌 가죽옷으로 아담에게 옷을 입혀주었습니다. 가죽옷은 앞서 이야기한 것처럼, 아담의 죄를 용서하는 용서의 피가 흐르는 옷입니다. 아담에게 가죽옷을 입히듯, 하나님은 예수 그리스도로 우리에게 옷을 입혀 주시기를 원합니다. 하나님은 예수 그리스도라는 옷을 통해 우리의 수치와 부끄러움을 덮어주기를 원합니다. 그러므로 죄로 물든 우리는 날마다 예수 그리스도로 옷 입어야 합니다. 우리의 속사람을 날마다 예수 그리스도를 통해 씻고 정결하게 해야 합니다. 도덕, 문화, 예술, 지식, 수양이라는 무화과 나뭇잎으로는 안 됩니다. 불가능합니다. 세상의 옷으로는 우리의 죄악을 가릴 수 없습니다. 오로지 하나님의 가죽옷만이 우리의 죄를 씻을 수 있습니다.

세상의 옷

너희는 택하신 족속이요 왕 같은 제사장들이요

벧전 2:9

성경은 우리를 향해 "왕 같은 제사장"이라고 말합니다. 제사장이 입는 옷은 무엇일까요? 제사장이 입는 옷은 영화롭고 존귀한 옷입니다. 시편 기자는 제사장이 입는 옷을 가리켜 "그를 … 영화와 존귀로 관을 씌우셨나이다"(시 8:5)라고 말합니다. 관을 씌우셨다는 말은 단순히 머리만을 존귀하게 했다기보다는 온몸에 하늘의 옷을 입혔다는 의미입니다. 우리의 대제사장이신 예수님이 입는 옷은 영화롭고 존귀한 옷입니다. 이 옷은 땅에서 잠시 입고 사라지는 옷이 아닙니다. 영원한 하늘에서 빛나는 찬란한 옷입니다.

세상의 옷만 입는 사람은 베드로전서의 말씀을 이해할 수 없습니다. 또한 그리스도인이라고 자부하면서도 세상의 옷만을 추구하는 사람도 이 말씀을 이해할 수 없습니다. 예수 그리스도로 옷 입고, 존귀하고 영화로운 옷을 입어본 경험이 없는 사람은 성경을 이해하는 것이 난해합니다. 그러나 구약성경에서부터 신약성경에 이르기까지 모든 말씀은 일관성을 가지고 있습니다. 성경은 왕이신 예수님이 다시 올 것임을 명확하게 말하며, 마지막 날에

모든 나라를 통치할 것을 말합니다. 그때 끝까지 믿음을 지킨 성도들은 예수님과 함께 왕 같은 제사장이 될 것입니다.

우리가 영원한 옷, 하늘의 옷을 입기 위해 살면 하나님의 나라를 유업으로 받게 됩니다. 그러나 이를 위해 살면 가족, 직장, 사회에서 핍박이 오기 시작합니다. 하지만 앞서 말했듯이 고난이 오면 더욱 빛나는 옷을 입을 수 있는 기회라고 생각해야 합니다. 속사람을 가꾸는 시험으로 여겨야 합니다(약 1:2~4, 벧전 4:12~14). 계속해서 속사람을 성장시켜야 합니다. 더 좋은 옷으로 갈아입는 단계와 과정이라고 여겨야 합니다. 하나님이 친히 디자인하고, 계획하고, 마련해 놓은 그 옷을 사모해야 합니다. 모든 이름 위에 뛰어난 그 이름, 모든 옷보다 아름다운 옷, 존귀와 영광으로 가득 찬 그리스도의 옷을 입기 위해 애써야 합니다.

헛된 영광을 구하여 서로 노엽게 하거나 서로 투기하
지 말지니라 갈 5:26

사도 바울은 헛된 영광을 구하지 말라고 강력하
게 말합니다. 세상의 옷을 구하지 말라는 것이지
요. 그리스도 예수로 옷 입은 사람들은 육체와 함
께 정욕과 탐심을 십자가에 못 박은 사람들입니
다. 사람들이 싸우는 것은 이 땅에서 서로 더 좋은
옷을 입기 위함입니다. 다른 사람보다 더 뛰어나
기 위해 다툽니다. 끊임없이 자신이 더 높은 곳에
올라가 화려한 옷을 입기 위해 경쟁합니다. 이처
럼 하늘의 옷을 입기 위해 기도하지 않으면, 이 땅
의 더 좋은 옷을 위해 다투며 살기 마련입니다. 헛
된 영광을 구하는 사람은 서로 노엽게 하고 시기
하며 질투할 뿐입니다.

내가 그리스도로 옷 입은 사람인지, 속사람이 건
강한지, 얼마나 성장했는지를 체크하려면 스스로
시험해보는 것도 좋습니다. 만약 주변 사람들의 진

주 목걸이, 다이아몬드, 값비싼 시계와 같은 것들이 눈에 들어오고, 거기서 끝나지 않고 질투심이 일어난다면 영적인 수준은 딱 거기까지입니다. 상대방의 소유를 보고 상대적 박탈감이 느껴진다면 여전히 이 땅에 미련이 많은 사람이라는 증거입니다. 육신에 속한 영적 어린아이라는 증거입니다(고전 3:1~3). 그러나 하늘의 옷을 소망하는 사람은 이 땅의 소유에 박탈감을 느끼지 않습니다. 오히려 미련한 것으로 바라보게 됩니다. 그러므로 이 땅의 옷을 자랑하는 사람이 가엾게 보입니다. 헛된 영광을 구하는 사람이 긍휼하게 보이기 시작합니다. 이런 차원에 이르기까지 성장해야 합니다. 나그네의 부요는 소유에 있지 않고 하늘의 본향집을 향한 그의 걸음에 있습니다.

마태복음 4장에 보면, 사탄이 예수님을 시험하는 장면이 등장합니다. 사탄은 예수님에게 음식으로 유혹합니다. 그러나 말씀으로 무장된 예수님은 넘어가지 않습니다. 다음으로 사탄은 높은 산에 올라가 세상을 보여 주며 영광을 주겠다고 유혹합니다.

> 마귀가 또 그를 데리고 지극히 높은 산으로 가서 천하
> 만국과 그 영광을 보여 이르되 만일 내게 엎드려 경배
> 하면 이 모든 것을 네게 주리라 마 4:8-9

마지막 사탄의 시험은 무엇입니까? 사탄은 예수
님에게 이 땅의 부귀영화를 누리게 해 주겠다고 유
혹합니다. 예수님을 유혹했던 사탄은 우리가 육체
의 일을 도모하게끔 계속해서 부추깁니다. 하루이
틀이 아닙니다. 아마 세상 끝날까지 그들의 유혹은
계속될 것입니다. 보디발의 아내도 요셉에게 함께
동침하기를 날마다 청했으며(창 39:10), 삼손을 파
멸로 이끌었던 들릴라도 집요하게 삼손의 힘의 근
원을 캐물었습니다(삿 16:16).
마귀는 날마다 우리로 하여금 더 좋은 음식을 먹
으라고 유혹하며, 더 좋은 영광을 취하라고 욕망의
불을 지핍니다. 그러나 예수님의 모습은 어떠합니

까? 말씀으로 무장한 예수님은 세상의 욕망에 대해 단호하게 거절합니다. 제아무리 이 땅에서 더 좋은 옷을 입혀준다고 해도 단칼에 뿌리칩니다. 오로지 예수님의 십자가만 바라봅니다. 우리는 그리스도로 옷 입은 예수님의 제자입니다. 언제까지 어린아이처럼 살 수 없습니다. 이 땅의 존귀와 영화보다 하늘의 아름다운 옷을 입기를 소망해야 합니다.

존귀한 옷을 위하여

예수님은 "무엇을 입을까 염려하지 말라"고 말씀합니다. 그뿐만 아니라 먹고 마시는 것도 염려하지 말라고 말씀합니다. 이 말씀은 단순히 일차원적으로 '무엇을 입을지' 그리고 '무엇을 먹고 마실지' 고민하지 말라는 뜻이 아닙니다. 일상생활을 위해서 우리는 옷을 사서 입고, 또 무엇을 입을지도 고민해야 합니다. 너무 꾸미지 않고 유별나게 엉망진

창으로 옷을 입고 다녀도 문제입니다. 다만 예수님 말씀의 의도는 '어떻게 하면 내가 돋보일까?' 하는 마음을 조심하라는 것입니다.

> 그러므로 내가 너희에게 이르노니 목숨을 위하여 무엇을 먹을까 무엇을 마실까 몸을 위하여 무엇을 입을까 염려하지 말라 목숨이 음식보다 중하지 아니하며 몸이 의복보다 중하지 아니하냐 마 6:25

그리스도로 옷 입은 사람은 지나치게 누군가에게 잘 보이려는 마음을 경계해야 합니다. 하늘의 옷을 소망하는 사람은 세상의 옷으로 뽐내지 않습니다. 우리 주변에 누군가 비싼 옷을 입은 사람이 있다면, 우리의 영적인 성숙도를 테스트해 볼 수 있는 좋은 기회입니다. 만약 상대방의 모습을 보고 자신이 초라하고 비참해 보인다면 아직 성숙하지 못한 것입니다. 그러나 상대방의 모습을 보고 '아, 저분이 하늘의 옷도 입어야 할 텐데' 하며 긍휼한 마음이 든다면 성숙한 것입니다. 이처럼 그리스도로 옷 입은 사람은 세상을 바라보는 가치관, 세계관, 인생관이 완전히 달라야 합니다. 세상을 바라보는 눈을 완전히 바꾸어야 합니다.

우리는 진실로 그리스도로 옷 입은 성도다운 삶을 살고 있는지 돌아보아야 합니다. 하나님이 기뻐하는 성도다운 삶은 무엇일까요? 화려해 보이는 세상의 옷을 부러워하는 삶일까요, 아니면 하늘의 옷을 소망하는 사람일까요? 하나님의 소망은 하늘의 옷을 소망하는 사람이 되는 것입니다. 날마다 하늘의 옷을 소망하므로 속사람이 나날이 성숙해지는 사람을 원하십니다.

그뿐만 아니라, 여전히 그리스도로 옷 입지 못한 사람들을 바라보며 긍휼한 마음을 가져야 합니다. 예수님은 제자들에게 하나님을 사랑하고 이웃을 사랑하라고 말씀했습니다. 또한 복음을 전파하고 가르쳐 지키게 하라고 말씀했습니다. 양육을 받는 사람에서 이제는 양육하는 사람으로 성장해야 합니다. 한국 교회가 아픈 이유는 하나님의 자녀들을 바르게 양육하는 사람은 적고 양육 받는 사람만 많기 때문입니다.

> 이에 제자들에게 이르시되 추수할 것은 많되 일꾼이 적으니 마 9:37

성도의 삶이 새 옷을 추구하지 못할 때, 하나님은 성도의 삶을 시험합니다. 때로는 인간의 관점에서 부정적으로 보이는 시험일 수도 있습니다. 이는 하나님이 강권적으로 우리에게 주시는 시험입니다. 우리는 이 시험을 통해 성숙한 사람이 되어 가고 하늘의 옷을 소망하는 사람으로 만들어집니다 (시 119:67, 71).

한편으로 사탄의 시험을 이겨내며 전진할 때, 이 시험은 오히려 긍정적으로 보입니다. 존귀하고 영화로운 옷을 입기 위해 시험 받는 것을 기쁨으로 감당해야 합니다. 그러므로 성도는 이 세상에서 편한 길만을 추구하면 안 됩니다. 편안하고 적당한 신앙생활을 거부해야 합니다.

구약성경에 등장하는 백성들의 삶은 어떻습니까? 그들은 고생하는 길보다 편한 길로 가려고 했습니다. 육신의 소욕을 따라 편한 길을 추구하다 보니 우상을 숭배하게 됩니다. 우리의 삶도 마찬가지입니다. 편안한 길만 가려고 하다 보면 계속 그런 길만 눈에 보이고, 그렇게만 살고 싶게 됩니다. 그러다 하나님을 등지고 우상을 숭배하는 사람이 되는 것입니다(갈 5:16~17).

육신의 생각은 하나님과 원수가 되나니 롬 8:7

성경은 안목의 정욕을 따르는 사람은 하나님과 원수가 된다고 말합니다. 안목의 정욕이 무엇입니까? 세상에 있는 화려한 옷을 입고 싶은 마음입니다. 세상을 부러워하는 생각입니다. 육신에 있는 자들은 하나님을 기쁘게 할 수 없습니다. 누구나

이 세상에 아쉬운 마음은 있습니다. 바울에게도 육체의 가시가 있었듯이 우리에게도 부족한 부분이 있습니다. 부족한 부분을 채우려는 마음보다 "예수 그리스도 안에서 내게 부족함이 없다"라는 고백을 할 수 있어야 합니다. 이 세상을 사는 동안은 완전하게 육체의 정욕을 벗어나 살 수는 없습니다만, 자족하며 살 수는 있습니다.

더 나아가 우리의 부족한 것을 통해 하늘의 옷을 소망하는 사람이 될 수 있습니다. 내게 있는 가시를 다 뽑아내고 말겠다는 생각은 하지 마십시오. 어차피 신앙의 길을 걸어가다 보면 가시밭을 만나게 되어 있습니다. 그리스도인은 가시밭에 있는 백합화처럼, 시련을 통해 더 존귀하고 영화로운 풍채를 뽐낼 수 있게 됩니다. 온실 속 화초는 조금만 위협이 와도 죽습니다. 하지만 뿌리 깊은 나무는 쉽게 흔들리지 않습니다. 시험을 통해 저항력은 커지고, 속사람은 날마다 성장하게 됩니다.

생각하건대 현재의 고난은 장차 우리에게 나타날 영광과 비교할 수 없도다 롬 8:18

하늘의 영광은 이 땅의 영광과 비교할 수 없습니다. 하늘의 옷은 이 땅에서 입는 옷과 비교할 수 없을 정도로 존귀합니다. 그리스도로 옷 입은 사람은 이 사실을 굳게 믿고 복음을 위해 변함없이 헌신하는 사람입니다. 고난을 통해 온전함을 이룬 예수님처럼, 우리도 고난 가운데 예수님의 길을 따라 걸어가야 합니다. 그 길의 끝에서 영원히 찬란하게 빛날 옷이 기다리고 있습니다. 이 길을 끝까지 함께 걸어갈 수 있기를 축복합니다.

핵심과 나눔(Key points & Sharing points)

K1. 그리스도로 옷 입지 않고 육체의 일을 도모하는 사람의 운명은
   어떻게 됩니까?

K2. 마태복음 4장에서 사탄은 예수님에게 어떠한 시험을 했습니까?
   (3가지)

S1. 상대방의 소유를 보고 상대적 박탈감을 느낀 경험이 있다면 나눠
   봅시다.

S2. 존귀하고 영화로운 옷을 입기 위해 시험 받은 경험이 있다면 나눠
   봅시다.

생선 아카데미 / 인간론 ❺

그리스도로 옷 입은 사람

2022년 7월 18일 초판 발행

지 은 이 | 박진석

펴 낸 이 | 김수홍
편   집 | 유동운, 정원희
디 자 인 | 사라박
펴 낸 곳 | 도서출판 하영인
등   록 | 제504-2019-000001호
주   소 | 포항시 북구 삼흥로411
전   화 | 054) 270-1018
블 로 그 | https://blog.naver.com/navhayoungin
이 메 일 | hayoungin814@gmail.com
인스타그램 | https://www.instagram.com/hayoungin7

ISBN 979-11-92254-01-2 (03230)

값 4,900원

＊ 도서출판 하영인은 복음이 전해지지 않은 곳에 신앙에 유익한 도서를
   보급하는 데 앞장섭니다. 해외 문서 선교에 뜻이 있는 분들의 참여를
   기다립니다.
   후원 _ 국민은행 821701-01-597990 도서출판 하영인